사진 찍은 이_ 진효정

황기도

이슬의 눈

애지디카시션 009
이슬의 눈

2024년 09월 10일 초판 1쇄 발행

지은이 황기모
펴낸이 윤영진
기획편집 함순례
홍 보 한천규
펴낸곳 도서출판 애지
등록 제 2005-000005호
주소 34570 대전광역시 동구 대전천북로 12
전화 042 637 9942
팩스 042 635 9941
전자우편 ejiweb@hanmail.net
ⓒ황기모 2024
ISBN 979-11-91719-28-4 03810

* 저자와의 협의에 의해 인지를 생략합니다.
* 이 책 내용의 전부 또는 일부를 재사용하려면 저자와 애지 양측의
  동의를 받아야 합니다.
* 이 책은 (사)한국예총 하동지회로부터 발간비 일부를 지원 받았습니다.

애지디카시선 009

이슬의 눈

황기모 디카시집

시인의 말

내 인생의 파랑새는 없었다.
카메라를 메고 오랜 시간 떠돌았지만
어디서도 파랑새는 만나지 못했다.
어느 날 운명처럼 파랑새가 찾아왔다.
디카시는 사진 너머의 세계로 나를 이끌어주는
눈부신 파랑새였다.

2024년 가을
황기모

■ 차례

시인의 말　005

제1부
잘 익은 이파리 하나로
내 가난한 곳간이 눈부시다

여명　012
눈물가시　014
늦가을　016
출근길 1　018
부화를 기다리며　020
정상　022
불망不忘　024
투우　026
허상과 실상 사이　028
삼보일배　030
항변　032
추억　034
이전투구　036
그믐달과 샛별　038

제2부
핏빛으로 노을이 지면
섬진강은 비로소 평화로울까?

섬진강대첩 042
나림의 〈지리산〉 044
평행이론 046
칠불사 영지 048
저승꽃 050
이슬 찻집 052
별천지 하동 054
선율 056
상사화에게 058
충무김밥 060
봄마중 062
바람 064
필자 066
밀레의 이삭줍기 068

제3부
돌아보니 한평생이
비 오는 꽃길이었네

꽃구경 072
봄편지 074
소풍 가는 날 076
확성기 078
출근길 2 080
이슬의 눈 082
개구리알 084
돌아보니 086
이보게, 할멈 088
삼대독자 090
누가 뭐래? 092
타지마할 094
늦은 해후 096
영롱한 슬픔 098

제4부
죽음을 모르는 가지가 어디 있으랴
죽음보다 예쁜 꽃이 어디 있으랴

만추晩秋 102

삼엄한 차례 104

지척咫尺 106

붉은 마음 108

반딧불 110

자장가 112

뜨거운 기억 114

거북등 116

엄마꽃 118

검은 꽃 120

풍장風葬 122

이소離巢 124

집으로 가는 길 126

제1부
잘 익은 이파리 하나로
내 가난한 곳간이 눈부시다

여명

하늘이 비로소 질문하고

땅이 가까스로 대답하는

우주의 찬란한 아침

눈물가시

사람가시에 찔려서

밤마다

눈물 흘린 날 많았다

늦가을

잘 익은 이파리 하나로
내 가난한 곳간이 눈부시다

출근길 1

밤새 빛나던 별들은

이슬처럼 내리고

나는 별을 피해 달려간다

별을 꿈꾸며

부화를 기다리며

드디어 꿈틀거린다
껍질을 깨고 나오려나 보다
무엇이 나올까
어떤 세상이 열릴까
두렵고 설레는 희망이여!

정상

비로소 알게 되었어

정상이란

가장 안전한 곳이 아니라

가장 불안한 곳이라는 걸

불망不忘

네가 떠나간 길이
어느 길인지 몰라서
세상의 길들을 모아놓고
애타게 불러보네, 너를

두우

땅속에서 황소가 쫓아오거나
아니면,
대숲 전체가 황소에게
들이받혔거나

허상과 실상 사이

떨어진 꽃잎은 실상.
나무의 그림자는 허상인가

지금 허상에 핀 저것은
꽃인가 꽃의 영혼인가

삼보일배

성큼성큼 걸으면

마음을 볼 수가 없지

세 걸음도 멀어서

내 몸을 잘게 부수네

항변

그런 눈으로 보지들 마,

쓰레기를 훔치는 건

절도죄가 아니라구!

추억

이제는 다리도 없고

팔도 없고

머리와 꼬리만 남은 채

정처 없이 헤매기만 하는

대책 없는 그리움

이전투구

아무리 미화해도

사랑이란,

뺏고 빼앗기는

진흙탕 싸움이야

그믐달과 샛별

그믐달이 말한다
내가 더 어두워져야
네가 빛날 거야
한쪽이 까매지도록
하늘 한 귀퉁이를 닦는다

제2부
핏빛으로 노을이 지면
섬진강은 비로소 평화로울까?

섬진강대첩

목숨이 걸린 일터는 곧 전쟁터!
노량대첩도 저러했을까?

핏빛으로 노을이 지면
섬진강은 비로소 평화로울까?

나림의 〈지리산〉

역사가 차가운 산맥을 기록할 때
나의 문학은 안개로 흘러
자욱한 골짜기를 기록하리라

여명이 한낮을 지나 달빛이 될 때
지도에 없는 산맥 하나 생겨나리라

평행이론

세상이 어디 하나뿐이겠는가
사는 길이 어디 한 가지뿐이겠는가
뜨는 해 반대편에 지는 해 있듯이
일상의 반대편에 평사리가 있듯이
조급한 세상 반대편에 느긋한 세상도 있지

칠불사 영지

일곱 왕자를 만날 길 없어

사무치는 그리움을 달랠 길 없어

연못을 만들고 연등을 매달아

그림자라도 애타게 불러보는 거다

저승꽃

차밭이 온통 검버섯 밭이구나

거뭇거뭇 저승꽃 피는데

저승꽃도 꽃은 꽃이라

이 꽃 지고 열매 맺으면

다음 생이 열리려나

이슬 찻집

거미가 차밭에 찻집을 개업했네

이슬 찻자리 깔아놓고

감로차 석 잔 우려 놓았네

별천지 하동

은하수 건너 견우와 직녀의 해후와

별똥별 흘러 서희와 길상이 찾아오는

수많은 보석으로 반짝이는 별천지

하동 평사리의 밤하늘은

별들의 전쟁으로 잠을 이룰 수 없다

선율

신들린 듯한 바람의 손이

건반을 누비며

대숲을 지난다

저 아름다운

천상의 선율이여!

상사화에게

아무리 기다려도

웃자란 속눈썹이

네 눈을 찔러도

그 사람은 오지 않는단다

충무김밥

평사리 들판이면 뭐하나

만석지기 논이면 뭐하나

김밥 몇 토막이면 배부른데

봄마중

젖먹이 새끼들처럼

봄빛이 언뜻 보이자

일제히 달려간다

젖가슴을 향해 달려간다

바람

네가 왔다는 걸 알 수 있는 건

나도 모르게 춤추고

내 마음에 파문이 일기 때문이야

팔자

팔자는 출구가 없다

출구를 내어

팔자를 고치려 하지만

팔자는 죽어도 팔자일 뿐

밀레의 이삭줍기

땀방울이 주는 평화로 가득하다

땅을 향해 허리 굽힌 자의 경건함이여

제3부
돌아보니 한평생이
비 오는 꽃길이었네

꽃구경

늦었다—

어서 가자

아무 꽃이나 보고 가자

봄편지

뭐라고 써야 하나

뭐라고 써야 하나

한 자도 못 쓰고

붓끝만 떨다가

올봄도 그냥 가는가

소풍 가는 날

갈래머리에 하얀 넥타이

하하 호호 재잘재잘

줄지어 보무도 당당했던

여고 시절—

확성기

나는 귀는 없고 입만 있다
핏대를 세워야 내가 산다
복잡하게 얽혀 있는 세상 따위
나는 모른다
내 소리 내 생각만이 진리다

출근길 2

새벽 지하철,

태양을 등진 채

모두 컴컴한 얼굴이다

긴 하루가 기다린다

이슬의 눈

졸린 개구리의 눈으로

세상을 엿보는데

막 피어난 꽃이

내 두 눈을 훔쳐 가네

개구리알

꽃이 피어 터져 나오는 탄성처럼

저 벚꽃 지고 나면,

가는 봄이 또 얼마나 시끄러울까

돌아보니

어린 나와 늙은 내가 같이 걷네

돌아보니 한평생이

비 오는 꽃길이었네

이보게, 할멈

이제 그만

마음 풀고 돌아보소

저세상 갈 때는

두 손 꼭 잡고

가야지 않겠소

삼대독자

너 하나 피우기 위해
집안이 온통 아우성이다

누가 뭐래?

할미꽃은 싫단다
할미꽃이라서 싫단다

넌 늙어 봤니?
난 젊어 봤단다!*

*서유석의 노래 제목에서 가져옴

타지마할

꽃으로 장식하고

향으로 채웠는데

고요만 남겨두고

그대는 어디로 갔는가

늦은 해후

다시 너를 찾아왔건만

이젠 향기도 꿀도 없는 늙은 꽃,

그래도 떠나지 못하는 미련

영롱한 슬픔

슬픔만 한 절경이 어디 있으랴

제4부
죽음을 모르는 가지가 어디 있으랴
죽음보다 예쁜 꽃이 어디 있으랴

만추晩秋

아직도 못 다한 말이 남았는가

차창에서 손바닥을 떼지 못하고 있다

삼엄한 차례

새끼들이 똑같이 입을 벌려도
어미 새는 정확하게 알아야 한다
이번에는 어느 자식 먹일 차례인지
정신 바짝 차리지 않으면
자식 하나 굶어 죽는다

지척咫尺

스스로 허리 꺾인 호미가 되어
몇 고랑의 봄을 더 타고 넘어야
저기 당도할 수 있을까
바로 앞이 무덤인데
저기까지 가는 길이 멀다

붉은 마음

자식들의 밥상을 말리는

저 간절한 문장들은

노을빛보다 더 붉다

반딧불

깜박깜박 기억을 찾아 헤매다가
먼 기억에서 잠시 돌아온 어머니가
나를 알아보는 순간, 숲속이 환하다

자장가

파도의 간격을 길게 늘이면
파고는 수평선과 눈을 맞추며
긴 호흡으로 자장가를 부르지
세상은 마법에 걸린 듯이 잠들지

뜨거운 기억

젖은 빨래 다 말려서

다림질 끝내놓고

어둠 속으로 사라지는

어머니의 뒷모습

거북등

저건 등이 아니라 가슴이다

걱정 많은 아내의 가슴이다

일자리 잃은 아들놈 가슴이다

아니다, 그래도 휘파람 불며 나가는

아들놈 든든한 등짝이다

엄마꽃

어린 자식 길 잃을까 봐

오늘도 문 앞을 서성이며

꽃이 되어 길 밝히는

검은 꽃

죽음이 가지마다 열렸다
꽃 매달지 않은 가지가 없었듯이
죽음 모르는 가지가 어디 있으랴
죽음보다 예쁜 꽃이 어디 있으랴

풍장風葬

죄가 얼마나 크기에

효수를 당한 채

허공에서 바람으로

지워지고 있는가!

이소離巢

한번은 떨어져야 한다
그래도 추락은 무섭다
눈 질끈 감고
바닥을 노려본다
온몸이 긴장한다

집으로 가는 길

굽이굽이 돌아서 간다
울먹울먹 울면서 간다
흙 묻은 솜사탕 들고
엄마한테 일러바치러 간다

애 지 디 카 시 선

001 허수아비는 허수아비다   복효근 디카시집

002 고단한 잠   김남호 디카시집

003 우주정거장   이시향 디카시집

004 무죄   오정순 디카시집

005 가장 좋은 집   박해경 디카시집

006 꽃 트럭   이태희 디카시집

007 수신되지 않은 말이 있네   유은희 디카시집

008 의자들   문영숙 디카시집